Stefan Schlager

Getauft in Gottes Liebe

Der Leitfaden zur Vorbereitung der Tauffeier

Dr. Stefan Schlager, Jahrgang 1966, leitet das Referat Theologische Erwachsenenbildung der Diözese Linz, ist Diözesanverantwortlicher für den Erwachsenenkatechumenat, Lehrbeauftragter für Ethik an der Fachhochschule OÖ (Linz) und auch als Autor tätig. Stefan Schlager ist verheiratet und Vater von drei Töchtern.

© Verlag Katholisches Bibelwerk GmbH, Stuttgart 2016
Alle Rechte vorbehalten

Für die Texte der Einheitsübersetzung der Heiligen Schrift
© 1980 Katholische Bibelanstalt Stuttgart

Die liturgischen Texte und Schriftlesungen sind entnommen aus:
Die Feier der Kindertaufe in den Bistümern des deutschen Sprachgebietes. Zweite authentische Ausgabe auf der Grundlage der Editio typica altera 1973, Stuttgart u. a. 2007 © Ständige Kommission für die Herausgabe der gemeinsamen liturgischen Bücher im deutschen Sprachgebiet, Trier

Umschlaggestaltung: Finken & Bumiller, Stuttgart
Satz und Innengestaltung: wunderlichundweigand
Druck: finidr s.r.o., Český Těšín
Printed in the Czech Republic

www.bibelwerk.de
ISBN 978-3-460-33097-0

Inhalt

Liebe Taufeltern, liebe Taufpaten!

Die Geburt eines Kindes gehört mit Recht zu den prägendsten und wohl berührendsten Augenblicken eines Lebens. Auch ich selbst durfte das bei den Geburten meiner Töchter dreimal erfahren. Dabei fiel mir besonders auf, wie verletzlich und stark, wie leise und laut, wie zart und zugleich alles verändernd diese kleinen Wesen sind.

Mit ihrer Geburt – und davor schon mit der Schwangerschaft – beginnt sich bei uns Eltern der Zugang zur Welt zu wandeln. Besonders wichtig wird nun all das, was dem Wohl der Tochter oder des Sohnes dient. Dementsprechend versucht man – so gut es halt geht –, seinem Kind das zu erschließen und erfahrbar zu machen, was es zum Reifen und zum Glücken des eigenen Lebens braucht.

Ich bin davon überzeugt, dass dazu auch der Glaube gehört – ein Glaube, der einhergeht mit der Erfahrung, bejaht zu werden und wertvoll zu sein, unabhängig von aller Leistung und allen Moden. Diese Zusage Gottes an jede und jeden von uns, bedingungslos geliebt zu sein, vermag dem eigenen Leben Halt und Ziel, Sinn und Perspektive, Weite und Tiefe zu geben. Oder wie es Lothar Zenetti einmal treffend in seinen »Texten der Zuversicht« auf den Punkt gebracht hat:

Menschen
die aus der Hoffnung leben
sehen weiter

Menschen
die aus der Liebe leben
sehen tiefer

Menschen
die aus dem Glauben leben
sehen alles
in einem anderen Licht

Wenn Eltern ihre Tochter oder ihren Sohn – zusammen mit den Paten – zur Taufe tragen, dann wollen sie ihrem Kind solch eine bereichernde Glaubenserfahrung eröffnen. Aus diesem Grund lädt die vorliegende Handreichung die Eltern und Paten ein, den Blick auf die Taufe neu zu schärfen. Denn die Taufe zeigt – hautnah –, was es heißt, als Christ zu leben, und worin dabei das Erfüllende und Herausfordernde eines Lebens in den Spuren Jesu liegt. All das wird seit Jahrhunderten mit Hilfe von Zeichenhandlungen während der Feier ausgedrückt.

Ganz in diesem Sinn möchte Sie dieser Leitfaden bei der Vorbereitung und Gestaltung der Tauffeier Ihres Kindes unterstützen:

- **Eltern und Paten:** Zum Einstieg geht es um die religiösen und zugleich lebensförderlichen Motive, aus denen heraus Eltern ihre Kinder taufen lassen, und um das Amt und die Aufgabe des/der Paten.

- **Die Tauffeier:** Ein Roter Faden führt Sie durch die Feier der Taufe. Zunächst wird ihr biblischer Ursprung beschrieben. Danach erhalten Sie einen Überblick über die vier Teile der Tauffeier (Eröffnung, Wortgottesdienst, Spendung der Taufe, Abschluss und Segen).

- **Symbole und Zeichen:** In der Tauffeier begegnen Symbole und Zeichenhandlungen. Die wichtigsten davon werden kurz beschrieben und in ihrer Bedeutung vorgestellt.

- **Der Ablauf des Gottesdienstes:** Im Anschluss daran werden Sie mit der Tauffeier im Einzelnen vertraut gemacht – in Verbindung mit einer Checkliste für die Gottesdienstgestaltung sowie praktischen Tipps für die Beteiligung der mitfeiernden Kinder.

- **Hilfen zur Vorbereitung:** Als Hilfe für die Vorbereitung der Tauffeier finden Sie Vorschläge für biblische Lesungstexte, Anregungen für die Formulierung der Fürbitten, Liedvorschläge aus dem Gotteslob, einen Segensspruch für Eltern, eine Auswahl biblischer Taufsprüche sowie Anregungen für eine Gestaltung der Taufkerze.

- **Zum Bedenken:** Der Leitfaden lädt Sie in einem kurzen Text zur Erinnerung Ihrer eigenen Taufe ein.

- **Rund um die Taufe:** Am Schluss der Handreichung finden Sie hilfreiche Antworten auf 15 Fragen rund um die Taufe.

Ich hoffe, dass dieser Leitfaden sich als ein guter Begleiter für die Vorbereitung der Taufe Ihres Kindes erweisen wird und zu einer bewusst erlebten Tauffeier beiträgt. Selbstverständlich unterstützt Sie Ihr Seelsorger/Ihre Seelsorgerin gerne bei der konkreten Gestaltung.

Ich wünsche Ihnen von Herzen alles Gute für Ihr Kind sowie für Ihre erfüllende Aufgabe als Vater, Mutter und Paten.

Stefan Schlager

Zum Einstieg

Warum Eltern ihr Kind taufen lassen

Der Ablauf der Tauffeier sowie seine einzelnen Teile und Zeichenhandlungen sind gut zu verstehen, wenn man sich zuvor den Sinn und die Bedeutung der Taufe bewusst macht. (Das kann in besonderer Weise auch schon im Rahmen des Taufgespräches stattfinden.) Daraus entstehen dann – wie von selbst – ein roter Faden durch die Feier und ein guter Zugang zu den Symbolen der Taufe.

Was Eltern mit der Taufe ihres Kindes ausdrücken

Die Eltern bringen ihre Tochter oder ihren Sohn zur Taufe, weil sie darauf vertrauen, dass Gott – wie ein guter Vater, wie eine zärtliche Mutter – dieses Kind liebt, bejaht, es schätzt, fördert und beschützt, jede Sekunde seines Lebens bis in den Tod hinein, ja sogar darüber hinaus. Durch die Taufe wird ausgedrückt: *Es ist schön, zu diesem Gott zu gehören!*

Wie bereichernd, wie herausfordernd und wie lebensförderlich die Beziehung zu Gott ist, hat uns Jesus auf faszinierende Weise gezeigt. Durch die Taufe wird daher ganz bewusst das Leben des Kindes mit dem Leben Jesu – mit seinem Lebenszugang, mit seiner befreienden Lebenspraxis, mit seinem Sterben und seiner Auferstehung – verbunden. In den Spuren Jesu zu einem Leben in Fülle: Das eröffnet die Taufe!

Christinnen und Christen dürfen darauf vertrauen, dass ihnen Gott und Jesus, der von den Toten Auferweckte, immer nahe sind und nahe bleiben. Diese Nähe (Heiliger Geist) vermag zu verwandeln, dem Leben Weite und Tiefe zu geben und in Bewegung zu halten. Mit der Taufe beginnt daher ein Weg, sich dieser Nähe immer mehr zu öffnen und sie wirksam werden zu lassen.

Wir Menschen sind auf dem Weg in den Spuren Jesu nicht auf uns allein gestellt. Wir dürfen in einer Gemeinschaft einander dazu Mut machen, voneinander lernen, miteinander feiern und einander helfen. Taufe heißt daher auch Aufnahme in die Gemeinschaft der Kirche!

Diesen Glauben – und die damit verbundenen Erfahrungen (von Bejahung, Lebenssinn, Halt, Ermutigung zur Menschlichkeit, Gemeinschaft …) – wollen die Eltern ihrem Kind, gemeinsam mit dem/den Paten, durch die Taufe eröffnen und möglich machen.

Glaube als bereichernde Option

In unserer Gesellschaft gibt es heute eine Vielzahl an Lebensmodellen, Lebensstilen, Lebenswegen und Orientierungssystemen. Viele dieser Optionen kommen – aus verschiedenen Gründen – ohne den christlichen Glauben aus. Darin zeigt sich, wie sehr sich unsere Gesellschaft verändert hat und warum es (auch für Mitglieder der katholischen Kirche) nicht mehr selbstverständlich ist, das eigene Kind taufen zu lassen. Das ist aber kein Grund zur Resignation oder gar zum Missmut. Vielmehr kann diese Situation als Herausforderung und Chance gesehen werden, den Glauben wieder neu zu entdecken und so ins Spiel zu bringen, dass das Faszinierende und Bereichernde daran erfahrbar wird. Wer selbst mit einem bereichernden, lebensnahen und alltagstauglichen Glauben in Berührung kommt oder bisher schon konkrete Erfahrungen damit gemacht hat, der will dann als Mutter oder Vater diesen Glauben auch den eigenen Kindern nicht vorenthalten.

Das Patenamt

In Afrika gibt es das Sprichwort, dass man zur Erziehung eines Kindes ein ganzes Dorf braucht. Kinder benötigen neben den Eltern und ihrem familiären Umfeld noch andere Bezugspersonen, Erfahrungswelten und Herausforderungen, um wachsen und reifen zu können. Diese Erfahrung steht auch im Hintergrund des Patenamtes.

Begleiter auf dem Lebensweg – Zeuge des Glaubens

Aufgabe des Paten/der Patin ist es, ein wohlwollender und verlässlicher Begleiter des Patenkinds zu sein, ihm als Vorbild im Glauben und im Leben zur Seite zu stehen. Dementsprechend werden die Paten zu Beginn der Tauffeier vom Taufspender gefragt: *»Liebe Paten, die Eltern dieses Kindes haben Sie gebeten, das Patenamt zu übernehmen. Sie sollen Ihr Patenkind auf dem Lebensweg begleiten, es im Glauben mittragen und es hinführen zu einem Leben in der Gemeinschaft der Kirche. Sind Sie bereit, diese Aufgabe zu übernehmen und damit die Eltern zu unterstützen?«*

Neben diesem Versprechen bezeugen die Paten durch ihre Unterschrift die rechtmäßige Taufe und segnen – unmittelbar nach den Eltern – das Kind mit einem Kreuzzeichen. Seinen geschichtlichen Ursprung hat das Patenamt in der Begleitung der erwachsenen Taufkandidatinnen und Taufkandidaten (Katechumenen), denn in den ersten Jahrhunderten wurden vor allem Erwachsene getauft. Im Leben und im Glauben bewährte Männer und Frauen haben dabei den Katechumenen den Glauben erschlossen und sich vor der Gemeinde für eine gute Vorbereitung auf die Taufe verbürgt. Das Wort Pate kommt übrigens vom lateinischen pater spiritualis bzw. patrinus, heute könnte man das mit geistlicher oder spiritueller Begleiter übersetzen.

Kriterien und Voraussetzungen

Da der Taufpate/die Taufpatin ein guter Glaubens- und Lebensbegleiter sein soll, braucht es dazu gewisse Voraussetzungen:

- Das Mindestalter ist 16 Jahre.
- Der Pate, die Patin muss selbst in die Kirche voll aufgenommen sein und die Sakramente der Taufe, Firmung und Erstkommunion empfangen haben. Die Firmung ist aus diesem Grund für die Übernahme des Patenamtes besonders wichtig, da mit diesem Sakrament ein Christ seine eigene Taufe bekräftigt.
- Der Pate muss Mitglied der katholischen Kirche sein. Wer selbst nicht zur Kirche gehört oder gegenüber staatlichen Behörden seinen »Austritt« aus der Kirche erklärt hat, würde einem Täufling kaum glaubwürdig vermitteln können, wie bereichernd die Gemeinschaft der Kirche für den eigenen Glauben ist.
- Vater oder Mutter des Taufkindes können nicht zugleich sein Pate sein.
- Getaufte Christen aus anderen (nicht katholischen) Kirchen und kirchlichen Gemeinschaften dürfen »Taufzeugen« sein – mit ihnen gemeinsam muss allerdings ein katholischer Taufpate bei der Taufe anwesend sein.

Wie wichtig für die Kirche das Patenamt ist, zeigt sich darin, dass der Name des Paten in das Taufbuch und die Taufurkunde eingetragen wird. Auch wenn später einmal der Kontakt zwischen Paten und Eltern abreißen sollte, bleibt der Pate immer Taufpate des Kindes.

Das Versprechen einer Paten-Tante

Was kann ein Taufpate dem Kind versprechen? In einer schönen Form niedergeschrieben kann ein solches »Gelöbnis der Paten« ins Erinnerungsalbum geklebt werden.

Ich werde den Geburtstag bzw. Namenstag und den Tauftag meines Patenkindes nicht vergessen. Zu diesen Anlässen werde ich zu Besuch kommen oder mich zumindest melden und mit einem kleinen Geschenk ausdrücken, dass ich mein Patenkind gern habe.

Ich werde mein Patenkind daran erinnern, dass es getauft ist, und ihm verdeutlichen, dass Gott durch die Taufe einen engen Bund mit ihm geschlossen hat. Ich werde für mein Patenkind beten und die religiöse Erziehung unterstützen.

Ich werde den Kontakt zu Eltern und Patenkind aktiv aufrechterhalten; ich werde also regelmäßig anrufen, schreiben und möglichst selbst häufig vorbeischauen. Ich werde mir Zeit nehmen, wenn mein Patenkind mich braucht.

Ich werde ein geduldiger Zuhörer sein, wenn es von seinen Freuden und Erfolgen oder auch Enttäuschungen und Sorgen berichtet. Geheimnisse, die mir mein Patenkind mitteilt, werde ich vertraulich behandeln. Bei Konflikten zwischen Eltern und Kind werde ich vermitteln.

Ich gelobe, die Bedürfnisse meines Patenkindes stets engagiert zu vertreten. Wann immer nötig, werde ich Anwalt seiner Interessen sein. Sollten die Eltern mal nicht in der Lage sein, sich um ihr Kind zu kümmern, so werde ich dafür sorgen, dass es sich sicher und geborgen fühlen kann. Ich werde meinem Patenkind immer eine gute Freundin/ein guter Freund und verlässliche Partnerin/ein verlässlicher Partner sein!
Das ist mein »Taufpatenversprechen«.

Die Feier
der Taufe

Biblischer Ursprung der Taufe

Nach der Auferstehung Jesu gingen die elf Jünger nach Galiläa auf den Berg, den Jesus ihnen genannt hatte.

»Und als sie Jesus sahen, fielen sie vor ihm nieder. Einige aber hatten Zweifel. Da trat Jesus auf sie zu und sagte zu ihnen: Mir ist alle Macht gegeben im Himmel und auf der Erde. Darum geht zu allen Völkern und macht alle Menschen zu meinen Jüngern; tauft sie auf den Namen des Vaters und des Sohnes und des Heiligen Geistes, und lehrt sie, alles zu befolgen, was ich euch geboten habe. Seid gewiss: Ich bin bei euch alle Tage bis zum Ende der Welt.«

Matthäusevangelium 28,17–20

Ohne Ostern keine Taufe

Die Taufe hängt mit einer ganz besonderen Erfahrung zusammen, mit der Ostererfahrung. Durch die Begegnung mit dem auferweckten Jesus bestätigte sich für die Jüngerinnen und Jünger Jesu: »Gott ist wirklich auf unserer Seite – bedingungslos, befreiend, bejahend, zuvorkommend, liebevoll, rettend! Seine Liebe, seine Nähe und Zuwendung haben in Jesus auf unnachahmliche Weise Hand und Fuß und ein Gesicht bekommen. Und die Auferweckung Jesu von den Toten ist die göttliche Bestätigung dafür!«

Anknüpfungspunkt bei der Johannes-Taufe

Die Art und Weise, wie man diese österliche Erfahrung der rettenden Nähe Gottes am besten auszudrücken und »hautnah« weiterzugeben vermochte, war die Taufe. Dabei diente die Taufe Johannes' des Täufers als Anknüpfungspunkt. Denn auch Jesus ließ sich von Johannes taufen. Allerdings wurde – entsprechend der Bedeutung Jesu – ein neuer Akzent gesetzt: Die Christinnen und Christen tauften nun »auf den Namen Jesu« bzw. »im Namen des Vaters und des Sohnes und des Heiligen Geistes«.

Biblischer Auftrag zur Taufe

Gott ist heilvoll nahe – diese österliche Botschaft der Taufe ist auch im Alten Testament greifbar. Deshalb gibt es »Vorbilder und Vorzeichen für die Taufe« schon im Alten Testament: etwa die Errettung des Volkes Israels beim Durchzug durch das Rote Meer. Die deutschen Bischöfe schreiben dementsprechend in ihrem Katholischen Erwachsenenkatechismus:
»Die christliche Taufe ist also vorbereitet im Alten Testament, grundgelegt in Jesu eigener Taufe, sie schöpft ihre Kraft aus Tod und Auferweckung Jesu wie aus der Sendung des Geistes, und sie wird gespendet *im Auftrag und in der Vollmacht des auferstandenen und erhöhten Herrn:* ›Mir ist alle Macht gegeben im Himmel und auf Erden. Darum geht zu allen Völkern, und macht alle Menschen zu meinen Jüngern; tauft sie auf den Namen des Vaters und des Sohnes und des Heiligen Geistes, und lehrt sie, alles zu befolgen, was ich euch geboten habe‹. (Mt 28,18–20; vgl. Mk 16,15–16)«

Die Taufe ist somit eine Frucht aus der Begegnung mit dem Auferstandenen. Ohne diese Begegnung – und die damit verbundene Erfahrung der rettenden Nähe Gottes – würde es keine Taufe geben!

Roter Faden – Die Tauffeier im Überblick

Die Feier der Taufe besteht aus vier Teilen: Eröffnung – Wortgottesdienst – Taufe – Abschluss und Segen. In jedem dieser Teile begegnen Elemente mit hoher Symbolkraft. Alle hier vorkommenden Gesten, Zeichen und Worte veranschaulichen auf ihre spezielle Weise das, worum es in der Taufe geht und was Christsein ausmacht.

Eröffnung

Zu Beginn der Feier werden der Täufling und seine Eltern zusammen mit dem/den Paten und den anderen Mitfeiernden durch den Seelsorger und Taufspender an der Kirchentür empfangen und herzlich begrüßt. Die Kirchentür steht hier symbolhaft für den Eintritt in die Gemeinschaft der Kirche. Dem Täufling soll demnach – getragen vom Wunsch der Eltern und dem Vorbild der Paten – ein Leben in den Spuren Jesu inmitten der

Kirche eröffnet werden. Deshalb werden die Eltern und die Paten – nachdem sie den Namen des Kindes gesagt haben – auch gefragt, was sie von der Kirche Gottes für das Kind erbitten. Abgeschlossen wird dieser erste Teil mit einem Kreuzzeichen auf die Stirn des Kindes. Dabei sagt der Taufspender: »Mit großer Freude empfängt dich die Gemeinschaft der Glaubenden.« Sodann werden alle Mitfeiernden, von den Eltern, den Paten, den Großeltern bis hin zu den Kleinsten, eingeladen, den Täufling mit dem Kreuzzeichen zu segnen. Das Kreuz erinnert uns an Gottes Liebe, die stärker ist als der Tod.

Wortgottesdienst

Glauben kommt vom Hören. Wir wissen nur etwas von Gott und Jesus, seinem Sohn, weil es Menschen gegeben hat, die ihre Erfahrungen mit Gott und Jesus weitergegeben haben, zuerst mündlich und dann in schriftlicher Form. Vor der Spendung der Taufe dürfen die Feiernden daher einem Glaubenszeugnis aus der Bibel ihr Ohr schenken.

Der Taufspender bringt in seiner darauf folgenden Ansprache dieses Wort Gottes mit dem Leben des Kindes und dem Leben der Mitfeiernden in eine vertiefende Beziehung.

Nach der Ansprache erfolgt die Anrufung der Heiligen. Diejenigen Glaubenden, die vor uns gelebt und geglaubt haben – die verehrten und die unbekannten Heiligen –, wirken wie ein »fruchtbarer Humus« für unsere »Mensch-Werdung«. Auf ihre Begleitung und ihren Segen dürfen wir zählen.

In den darauf folgenden Fürbitten werden Gott besondere Anliegen vorgebracht – für das Kind, für seine Eltern und Paten sowie seine Angehörigen, insbesondere auch für jene, die bereits verstorben sind.

Abgeschlossen wird der Wortgottesdienst mit einem Gebet um Schutz vor dem Bösen. Dabei streckt der Taufspender beide Hände über das Kind aus und bittet Gott, es auf seinem Lebensweg zu schützen und vor dem Bösen zu bewahren.

Die Spendung der Taufe

Die Spendung der Taufe findet bei der Taufstelle statt (Taufbrunnen oder Taufbecken). Da die Taufe den Glauben voraussetzt, bekennen sich die Eltern und Paten – stellvertretend für das Kind – zum Glauben. Später wird dann das Kind sich selbst für diesen Glauben entscheiden können und das, was mit der Taufe begonnen hat, in der Firmung bekräftigen.

Nach dem Glaubenszeugnis der Eltern erfolgt die eigentliche Taufe, indem der Kopf des Täuflings dreimal mit Wasser übergossen wird. Dabei nennt der Taufspender den Namen des Kindes und sagt: »Ich taufe dich im Namen des Vaters und des Sohnes und des Heiligen Geistes.« Im Anschluss daran wird das getaufte Kind mit Chrisam-Öl gesalbt und ihm ein weißes Kleid angezogen oder übergelegt. Als nächstes bekommen die Eltern die Taufkerze überreicht. Die Taufkerze wurde an der Osterkerze – dem Symbol für den auferweckten Christus – entzündet. Die Taufe kann mit dem Effata-Ritus abgeschlossen werden: Dabei berührt der Taufspender die Ohren und den Mund des Täuflings und bittet – in Anlehnung an Jesus, den Heilenden – um die Öffnung der Sinne.

Besonders anschaulich ist es, wenn der Täufling bei seiner Taufe nicht nur mit Wasser benetzt, sondern dreimal in das Wasser getaucht wird. (Zu diesem Zweck kann zum Beispiel eine mit Blumen geschmückte Baby-Badewanne mit warmen Wasser befüllt werden. Vor dem Taufbad ziehen die Eltern das Baby aus und übergeben es dem Taufspender. Dieser taucht den Täufling dreimal in das warme Wasser ein, sodass der Bauch, die Hände und Füße unter Wasser sind. Im Anschluss daran wird das Baby auf einer vorbereiteten Wickelkommode abgetrocknet, gewickelt und wieder angezogen. Zu überlegen ist, ob das Baby nicht auch am ganzen Körper mit Chrisam gesalbt werden kann.)

Abschluss und Segen

Die Tauffeier gipfelt in jenem Gebet, das Jesus seinen Jüngerinnen und Jüngern gelehrt hat: das Vaterunser. Das Vaterunser ist die entscheidende spirituelle Kraftquelle aller, die Jesus nachfolgen wollen. Am Ende der Feier wird ein Segen gesprochen, insbesondere für die Eltern des Taufkindes. In Absprache mit dem Taufspender können danach auch die Mutter, der Vater und die Paten ihre persönlichen Segenswünsche für das Kind vortragen. Schön ist es, wenn dabei dem Täufling jeweils die Hand des/der Segnenden über den Kopf gehalten oder auf die Stirn gelegt wird.

Die Zeichen der Taufe

In der Feier der Taufe begegnen Symbole und Zeichenhandlungen, die von Beginn an zur Taufpraxis der Christinnen und Christen gehört haben. Die Botschaft dieser Symbole ist eindeutig. Sie zeigen: Jeder Mensch – unabhängig von seiner körperlichen oder geistigen Gesundheit, seiner Hautfarbe oder seinem sozialen Status – ist von Gott geliebt, geschätzt, geachtet und respektiert. Im Buch Jesaja (43,4) drückt Gott diese Liebe in einem wunderbaren Bild aus: »Weil du in meinen Augen teuer und wertvoll bist und weil ich dich liebe, gebe ich für dich ganze Länder.« Es ist daher auch für die Gemeinschaft der Christinnen und Christen eine Freude, dass dieser Mensch – so wie er ist – nun zu ihnen gehört. Das zentrale Symbol der Taufe ist das Wasser. Vom Wasser hat auch das Wort »Taufe« seinen Namen, denn »taufen« leitet sich von »tauchen« ab: eingetaucht werden – in das Wasser, in die erfrischende Liebe Gottes, in die Geisteshaltung und Lebensweise Jesu Christi sowie in die Glaubensgemeinschaft der Kirche.

Wasser

Bei der Errettung Israels »aus dem Sklavenhaus Ägypten« spielte das Wasser in der Bibel eine bedeutende Rolle: Durch das Wasser hindurch rettete Gott die fliehenden Sklaven vor den Soldaten des Pharao. Von daher kann das Wasser als Zeichen für die Rettung aus der Knechtschaft in die Freiheit verstanden werden. Das Eintauchen ins Wasser und das Auftauchen aus ihm bringt zudem das »Sterben des alten Menschen« (mit seinen Vorurteilen, seinen Ängsten …) und das »Geboren-Werden des neuen, österlichen Menschen« zum Ausdruck, so der Apostel Paulus in seinem Brief an die Römer (6,3–4). Hier heißt es: »… wisst ihr denn nicht, dass wir alle, die wir auf Christus Jesus getauft wurden, auf seinen Tod getauft worden sind? Wir wurden mit ihm begraben durch die Taufe auf den Tod; und wie Christus durch die Herrlichkeit des Vaters von den Toten auferweckt wurde, so sollen auch wir als neue Menschen leben.« Wasser ist reinigend, belebend, kräftigend …

Chrisam

Die Bibel erzählt davon, wie immer wieder besondere Menschen auserwählt und im Auftrag Gottes zu Königen, Priestern und Propheten gesalbt werden – etwa König David oder der Prophet Elija. Und Jesus selbst wird im Neuen Testament als »der Gesalbte« bezeichnet – als der Maschiach (Messias), auf Griechisch der Christos. Durch die Salbung des Täuflings mit Chrisam-Öl wird somit die hohe Würde ausgedrückt, die jedem Menschen von Gott her zukommt – bedingungslos! Insbesondere gehören die Getauften und Gesalbten zu Christus, dem Gesalbten. Da Chrisam nicht nur aus Olivenöl besteht, sondern auch aus wohlduftenden Balsamen, ermutigt die Salbung mit diesem Öl, den »Wohlgeruch Christi« zu verbreiten.

Weißes Kleid

Kleider machen Leute – das weiß man schon seit Jahrtausenden. Seien es die prächtigen Kleider der Könige und Hohenpriester in Jerusalem zu biblischen Zeiten oder die festliche Kleidung der Braut und des Bräutigams bis hin zu besonderen Amtsroben etwa für Richter oder Ärzte in unserer Zeit – die Kleidung gibt Rückschlüsse auf die Rolle ihrer Trägerinnen und Träger, ihre Bedeutung und ihre Aufgaben. Auch das weiße Taufkleid verdeutlicht eine besondere Botschaft. Das Anziehen des weißen Kleides zeigt, dass man durch die Taufe »Christus angezogen hat« und dadurch »neu« geworden ist, »neu« leben will und »neu« leben darf. So wie Kleidung wärmt und schützt, so soll man den Getauften Christus – den Bruder, Menschenfreund und befreienden Erlöser – ansehen können.

Taufkerze

Die Taufkerze erhält ihr Licht von der Osterkerze. Die brennende Osterkerze ist Symbol für Jesus Christus, den Gott von den Toten auferweckt
hat. Jesus bezeichnet sich im Johannesevangelium als »Licht der Welt«:
»Ich bin das Licht der Welt. Wer mir nachfolgt, der wird nicht wandeln
in der Finsternis, sondern wird das Licht des Lebens haben« (Johannes
8,12). Licht ist hell, spendet Wärme, man kann sich orientieren, braucht
keine Angst zu haben.

Im Alten Testament begegnet ein besonders eindrucksvolles Bild für
solch ein Licht – der brennende Dornbusch und die dazugehörende Nen-
nung des Gottesnamens JHWH (»Ich-bin-da«, »Ich-werde-da-sein«). In
der Erzählung vom brennenden Dornbusch verdichtet sich die wichtigste
Gotteserfahrung Israels. Menschen haben über Jahrhunderte erfahren,
dass Gott wirklich der befreiende, helfende, Mut machende »Ich-bin-da«
ist, insbesondere in Situationen, wo es »brennt«, und in »dornigen Zeiten«. Die Auferweckung Jesu von den Toten ist das schönste Zeugnis für
dieses befreiende »Ich-bin-da« Gottes. Das an der Osterkerze entzündete
Licht erinnert daran.

»Effata«-Ritus

Das Markusevangelium erzählt, wie Jesus am See von Galiläa einen taubstummen Menschen heilt (Markus 7,31–37). Er berührt dessen Ohren
und Zunge und sagt dabei: »*Öffne dich!*« (in Jesu Muttersprache Aramäisch: »Effata!«) »Sogleich öffneten sich seine Ohren, seine Zunge wurde
von ihrer Fessel befreit und er konnte richtig reden.«

Effata, das heißt: Glaube engt nicht ein, sondern macht offen, richtet auf
und weitet die Sinne. Glaube bedeutet daher nicht Rückzug, sondern
Leben in Fülle – mitten in der Welt. Zum Effata-Ritus gehört auch die
Berührung dazu. Wer berührt wird und berührt ist, kann selbst andere
berühren, Nähe, Aufmerksamkeit und Wärme (weiter-)schenken.

Kreuzzeichen

An vielen Stellen kommt während der Taufe das Kreuzzeichen vor. Das Kreuz ist das Erkennungsmerkmal der Christinnen und Christen schlechthin. Es erinnert an Jesus, der sich auch angesichts des Todes nicht von seiner Überzeugung abbringen ließ, dass Gott jeden Menschen liebt. Darauf ließ sich Jesus – selbst in Zeiten allerhöchster Bedrohung – festlegen, ja sogar wortwörtlich »fest-nageln«. Und er zeigt mit seinem Tod am Kreuz zugleich, dass er alles mit uns Menschen teilt: die schönen Stunden bis hin zum Sterben-Müssen. Wenn Christen sich bekreuzigen, dann stellen sie damit ihr Leben unter ein besonderes »Vor-Zeichen« und unter einen besonderen Schutz. Sie lassen ihr Denken durchkreuzen – von Gottes heilvollem Willen. Sie lassen ihr Innerstes durchkreuzen – von Jesu Herzenswärme. Und sie lassen ihr Tun durchkreuzen und inspirieren – vom weiten Geist Gottes und seines Auferweckten. Das Kreuzzeichen ist ein Gebet in Kurzform: Du Vater, präge mein Denken. Du Sohn, verwandle mein Herz. Du Heiliger Geist, inspiriere mein Tun.

Im Namen des Vaters und des Sohnes und des Heiligen Geistes. Amen.

So wie die Eltern (und nach ihnen alle anderen Mitfeiernden) gleich zu Beginn der Tauffeier ihr Kind mit einem Kreuzzeichen segnen, sollen sie das Kind auch im Alltag weiterhin segnen. Beispielsweise können sie jeden Abend ihrem Kind ein Kreuz auf die Stirn zeichnen und ihm dann eine gute Nacht wünschen. Dazu können sie Weihwasser (= Taufwasser) verwenden, das in jeder Kirche leicht zu bekommen ist.

Die Tauffeier im Einzelnen

*Die folgenden Elemente der Tauffeier entsprechen der katholischen Gottesdienst-
ordnung der »Feier der Kindertaufe in den Bistümern des deutschen Sprachgebietes«.*

Die Beteiligung der Eltern des Täuflings im Gottesdienst besteht vor allem darin:

- *sie erbitten öffentlich die Taufe ihres Kindes*
- *nach dem Zelebranten bezeichnen sie die Stirn ihres Kindes mit dem Kreuz*
- *sie widersagen dem Bösen und bekennen sich zum christlichen Glauben, den
  sie dem Kind vorleben wollen*
- *sie (gewöhnlich die Mutter) tragen das Kind zum Taufbecken*
- *sie bekleiden das Kind mit dem Taufkleid und halten die Taufkerze*
- *sie empfangen einen Segen, der sich in besonderer Weise auf sie als Mütter
  und Väter bezieht.*

Frage an Eltern und Paten

Zu Beginn richtet der Zelebrant an Eltern und Paten folgende Fragen:

Zelebrant: Welchen Namen haben Sie Ihrem Kind gegeben?

Daraufhin antworten die Eltern mit dem gewählten Namen.

Zelebrant: Was erbitten Sie von der Kirche Gottes für N.?

Die Eltern antworten frei oder mit folgenden Worten:

Eltern: Die Taufe.

oder: »Den Glauben«, »Dass es ein Christ wird«, »Dass es in Jesus Christus
zum neuen Leben geboren wird«, »Dass es in die Gemeinschaft der Kirche aufgenommen wird«.

Zelebrant: Liebe Eltern, Sie möchten, dass Ihr Kind getauft wird. Das bedeutet für Sie: Sie sollen Ihr Kinder im Glauben erziehen und es lehren, Gott und den Nächsten zu lieben, wie Jesus es vorgelebt hat. Sie sollen mit ihm beten und ihm helfen, seinen Platz in der Gemeinschaft der Kirche zu finden. Sind Sie dazu bereit?
Eltern: Ich bin bereit.

Danach werden die Patinnen und Paten gefragt:
Zelebrant: Liebe Paten, die Eltern dieses Kindes haben Sie gebeten, das Patenamt zu übernehmen. Sie sollen Ihr Patenkind auf dem Lebensweg begleiten, es im Glauben mittragen und es hinführen zu einem Leben in der Gemeinschaft der Kirche. Sind Sie bereit, diese Aufgabe zu übernehmen und damit die Eltern zu unterstützen?
Paten: Ich bin bereit.

Bezeichnung mit dem Kreuzzeichen
Der Zelebrant zeichnet mit dem Daumen ein Kreuz auf die Stirn des Täuflings und lädt Eltern und Geschwister, Patinnen und Paten ein, dasselbe zu tun.
Zelebrant: N., mit großer Freude empfängt dich die Gemeinschaft der Glaubenden. Im Namen der Kirche bezeichne ich dich mit dem Zeichen des Kreuzes. Auch deine Eltern und Paten werden dieses Zeichen Jesu Christi, des Erlösers, auf deine Stirn zeichnen.

Schriftlesungen
In der Tauffeier wird der Täufling aufgenommen in die große Heilsgeschichte Gottes mit den Menschen, von der die Bibel Zeugnis gibt. Eine Auswahl an biblischen Lesungen zur Taufe finden Sie ab Seite 32.

Anrufung der Heiligen und Fürbitten

Wer getauft wird, tritt ein in die große Gemeinschaft der Glaubenden aller Zeiten. Daher werden die Heiligen angerufen, besonders die Namenspatrone des Täuflings, der Eltern, der Patinnen und Paten. An die Heiligenlitanei schließen sich die Fürbitten an, die von der Familie und von Freunden der Eltern vorbereitet und gesprochen werden können. Ein Modell für Fürbitten finden Sie auf den Seiten 44–46.

Absage an das Böse und Glaubensbekenntnis

Ein kleines Kind wird auf den Glauben seiner Eltern und Paten hin getauft, die versprechen, ihm diesen Glauben vorzuleben und zu erschließen. Daher werden Eltern und Paten gefragt, dem Bösen zu widersagen, und sich zum christlichen Glauben zu bekennen, zum Beispiel in der folgenden Form:

Zelebrant: Widersagt ihr dem Bösen, um in der Freiheit der Kinder Gottes zu leben?

Eltern und Paten: Ich widersage.

Zelebrant: Widersagt ihr den Verlockungen des Bösen, damit die Sünde nicht Macht über euch gewinnt?

Eltern und Paten: Ich widersage.

Zelebrant: Widersagt ihr dem Satan, dem Urheber des Bösen?

Eltern und Paten: Ich widersage.

Zelebrant: Glaubt ihr an Gott, den Vater, den Allmächtigen, den Schöpfer des Himmels und der Erde?

Eltern und Paten: Ich glaube.

Zelebrant: Glaubt ihr an Jesus Christus, seinen eingeborenen Sohn, unseren Herrn, der geboren ist von der Jungfrau Maria, der gelitten hat, gestorben ist und begraben wurde, von den Toten auferstand und zur Rechten des Vaters sitzt?

Eltern und Paten: Ich glaube.

Zelebrant: Glaubt ihr an den Heiligen Geist, die heilige katholische Kirche, die Gemeinschaft der Heiligen, die Vergebung der Sünden, die Auferstehung der Toten und das ewige Leben?

Eltern und Paten: Ich glaube.

Taufe

Jesus Christus hat seiner Kirche aufgetragen, alle Menschen als seine Jünger und Jüngerinnen zu berufen und sie auf den Namen des Vaters, des Sohnes und des Heiligen Geistes zu taufen. In der Taufe wird der Täufling dreimal untergetaucht oder sein Kopf wird dreimal mit Wasser übergossen.

Zelebrant: N., ich taufe dich im Namen des Vaters und des Sohnes und des Heiligen Geistes.

Salbung

»Christus« bedeutet auf Deutsch: der Gesalbte. In der Antike wurden Könige und Priester beim Amtsantritt mit kostbarem Öl gesalbt. Auch der/die Getaufte hat Anteil an der Würde und der Aufgabe Jesu Christi, in der Kraft von Gottes Geist den Menschen zu dienen. Deshalb salbt der Zelebrant das neugetaufte Kind mit Chrisam (Salböl).

Bekleidung mit dem weißen Taufgewand

Weiß ist in der Symbolik der Kirche die Farbe der Freude und der Auferstehung Christi. Als Zeichen des neuen Lebens wird dem neugetauften Kind das weiße Taufkleid angezogen.

Übergabe der Taufkerze

In jeder Kirche symbolisiert eine große Kerze, die »Osterkerze« – das Licht des auferstandenen Jesus Christus. Die Eltern werden eingeladen, die Taufkerze ihres Kindes an dem Osterlicht zu entzünden.

»Öffne dich!«

Mit einem Ruf in seiner Muttersprache Aramäisch (»Effata!« – »Öffne dich!«) hat Jesus einst einen Taubstummen geheilt. Ebenso kann der Zelebrant Ohren und Mund des Kindes berühren und dazu sprechen:
Zelebrant: N., der Herr lasse dich heranwachsen, und wie er mit dem Ruf »Effata« dem Taubstummen die Ohren und den Mund geöffnet hat, öffne er auch dir Ohren und Mund, dass du sein Wort vernimmst und den Glauben bekennst zum Heil der Menschen und zum Lobe Gottes.

Abschluss

Zum Abschluss zieht die Taufgemeinde zum Altar und betet das Vaterunser. Danach spricht der Zelebrant einen besonderen Segen über die Mutter und den Vater des Kindes. Die Eltern und/oder die Paten können ebenso einen Segen für das Kind sprechen.

Checkliste für die Gottesdienstgestaltung

Die Seelsorgerin oder der Seelsorger unterstützen Sie gerne bei der inhaltlichen Planung der Tauffeier.

- Gemeinsam können Sie überlegen, welche *Lieder* zum Einzug, vor der Schriftlesung, bei der Taufe selbst und zum Auszug gesungen werden. Vorschläge dafür finden Sie auf den Seiten 47–48.
- Gemeinsam können Sie auch eine passende Bibelstelle für die *Schriftlesung* sowie *Fürbitten* aussuchen und überlegen, wer die Fürbitten sprechen soll. Hier gibt es wiederum konkrete Vorschläge auf den Seiten 31–42 (Bibelstellen) sowie auf den Seiten 44–46 (Fürbitten).
- Auf der Seite 49 findet sich einen *Segensspruch* der Eltern für ihr Kind.

Tipp: Kinder beteiligen!

Wo immer Kinder bei der Tauffeier etwas einbringen können, soll das unbedingt geschehen. Sie können zum Beispiel das Wasser zur Taufstelle bringen, mit ihren Taufkerzen sich vor oder um den Täufling stellen, Fürbitten lesen, musizieren, beim Vaterunser einen Kreis bilden. In der Predigt kann der Taufspender ebenfalls auf die anwesenden Kinder kurz eingehen.

Biblische
Lesungstexte
zur Auswahl

Taufe und Wort Gottes – ein innerer Zusammenhang

Das ursprüngliche Eintauchen des Täuflings in das Wasser weist darauf hin, immer mehr in Jesu Worte, in seine Art zu denken und zu glauben einzutauchen und auf diese Weise Kraft, Inspiration und Halt zu finden. Daher hat in der Feier der Taufe das Hinhören auf und das Sich-Öffnen für Gottes Wort auch zweimal einen ganz besonderen Platz: in der Lesung aus der Bibel sowie im Effata-Ritus.

Nicht-biblische Texte und Impulse

Aus diesem Grund soll die Lesung aus der Bibel nicht durch eine Lesung aus anderen Büchern ersetzt werden. Wohl aber ist es möglich, in der Predigt oder Ansprache – falls gewünscht – einen nicht-biblischen Texte einzubauen und Zitate daraus kreativ mit der Bibelstelle zu verbinden.

Die Bibel – überraschend anders

Die Vorbereitung der Tauffeier sowie die Tauffeier selbst können eine Chance sein, das Wort Gottes – in seiner Lebensnähe, Tiefe und »Frische« – (wieder) neu zu entdecken. Wie sehr das Wort Gottes uns positiv zu überraschen vermag, zeigt Papst Franziskus in seinem Schreiben über die »Freude des Evangeliums« *(Evangelii gaudium):* Menschen »›schöpfen neue Kraft, sie bekommen Flügel wie Adler. Sie laufen und werden nicht müde, sie gehen und werden nicht matt‹ (Jes 40,31)«. Und mit Blick auf Jesus und seine Verkündigung schreibt Papst Franziskus: »Er kann mit seiner Neuheit immer unser Leben und unsere Gemeinschaft erneuern, und selbst dann, wenn die christliche Botschaft dunkle Zeiten und kirchliche Schwachheiten durchläuft, altert sie nie. Jesus Christus kann auch die langweiligen Schablonen durchbrechen, in denen wir uns anmaßen, ihn gefangen zu halten, und überrascht uns mit seiner beständigen göttlichen Kreativität.«

Es gibt Worte
die schmeicheln
die über den Tisch ziehen
die bloßstellen
kleinmachen
oder alles abwehren

lautstark
grell gefärbt
kreideweich
blendend formuliert
je nach Bedarf

SEINE Worte hingegen
anders
sie muten zu
richten auf
geben frei
ecken an
und verändern

ohne frömmelnde Süße
ganz dem Menschen verpflichtet

Worte für das Leben
kostbar wie Perlen
stärkend wie Brot
leise wie ein Flügelschlag
voll von Gott

Stefan Schlager

Praktischer Hinweis

Findet die Tauffeier in einer Messe statt, werden im Wortgottesdienst zwei bzw. (sonntags) drei biblische Lesungen vorgetragen, von denen die dritte die Evangelienlesung ist. Ist die Tauffeier ein eigener Gottesdienst, können eine oder mehrere Lesungen vorgetragen werden. Im Folgenden eine Auswahl von möglichen Lesungen, die Tauffamilien können aber auch eigene Vorschläge machen.

Lesungen aus Büchern der Propheten

Die Propheten der Bibel verheißen einen neuen Bund, eine neue Beziehung Gottes zu uns Menschen – eine Beziehung, die trägt, Mut macht, uns verändert und begleitet. Durch die Taufe werden wir aufgenommen in diesen Bund und empfangen Gottes Geist.

Wenn du durchs Wasser schreitest, bin ich bei dir, wenn durch Ströme, dann reißen sie dich nicht fort (Jesaja 43,1–5)

Jetzt aber – so spricht der Herr, der dich geschaffen hat, Jakob, und der dich geformt hat, Israel: Fürchte dich nicht, denn ich habe dich ausgelöst, ich habe dich beim Namen gerufen, du gehörst mir. Wenn du durchs Wasser schreitest, bin ich bei dir, wenn durch Ströme, dann reißen sie dich nicht fort. Wenn du durchs Feuer gehst, wirst du nicht versengt, keine Flamme wird dich verbrennen. Denn ich, der Herr, bin dein Gott, ich, der Heilige Israels, bin dein Retter. Ich gebe Ägypten als Kaufpreis für dich, Kusch und Seba gebe ich für dich. Weil du in meinen Augen teuer und wertvoll bist und weil ich dich liebe, gebe ich für dich ganze Länder und für dein Leben ganze Völker. Fürchte dich nicht, denn ich bin mit dir.

Ich gieße reines Wasser über euch aus, und lege meinen Geist in euch (Ezechiel 36,24–28)

So spricht Gott, der Herr: Ich hole euch heraus aus den Völkern, ich sammle euch aus allen Ländern und bringe euch in euer Land. Ich gieße reines Wasser über euch aus, dann werdet ihr rein. Ich reinige euch von aller Unreinheit und von allen euren Götzen. Ich schenke euch ein neues Herz und lege einen neuen Geist in euch. Ich nehme das Herz von Stein aus eurer Brust und gebe euch ein Herz von Fleisch. Ich lege meinen Geist in euch und bewirke, dass ihr meinen Gesetzen folgt und auf meine Gebote achtet und sie erfüllt. Dann werdet ihr in dem Land wohnen, das ich euren Vätern gab. Ihr werdet mein Volk sein, und ich werde euer Gott sein.

Lesungen aus neutestamentlichen Briefen

So sollen auch wir als neue Menschen leben (Römer 6,3–4.9.11)

Der Apostel Paulus vertieft mit diesem Text den Blick auf die Taufe. Durch die Taufe werden wir mit Christus verbunden: mit seinem Leben, mit seinem Tod und mit seiner Auferstehung. Und das wirkt sich – heilvoll, inspirierend, herausfordernd – auf das Leben aus. Dementsprechend soll der neue Mensch (in uns) immer mehr Wirklichkeit werden.

Wisst ihr denn nicht, dass wir alle, die wir auf Christus Jesus getauft wurden, auf seinen Tod getauft worden sind? Wir wurden mit ihm begraben durch die Taufe auf den Tod; und wie Christus durch die Herrlichkeit des Vaters von den Toten auferweckt wurde, so sollen auch wir als neue Menschen leben. ... Wir wissen, dass Christus, von den Toten auferweckt, nicht mehr stirbt; der Tod hat keine Macht mehr über ihn. ... So sollt auch ihr euch als Menschen begreifen, die für die Sünde tot sind, aber für Gott leben in Christus Jesus.

Ihr alle, die ihr auf Christus getauft seid, habt Christus als Gewand angelegt (Galater 3,26–28)

Wie ein Gewand umgibt Christus jeden von uns. Alle Unterschiede von »oben« und »unten« gelten vor Christus nicht. Vor ihm hat jeder Mensch die gleiche Würde.

Ihr seid alle durch den Glauben Söhne (und Töchter) Gottes in Christus Jesus. Denn ihr alle, die ihr auf Christus getauft seid, habt Christus als Gewand angelegt. Es gibt nicht mehr Juden und Griechen, nicht Sklaven und Freie, nicht Mann und Frau; denn ihr alle seid »einer« in Christus Jesus.

Lesungen aus den Evangelien

Als Jesus getauft wird, öffnet sich der Himmel (Markus 1,9–11)
Jesus selbst ließ sich von Johannes dem Täufer im Jordan taufen. Die Stimme Gottes, die dabei zu Jesus spricht, spricht heute in der Taufe auch zu jedem Täufling: »Du bist mein geliebtes Kind.«

In jenen Tagen kam Jesus aus Nazaret in Galiläa und ließ sich von Johannes im Jordan taufen. Und als er aus dem Wasser stieg, sah er, dass der Himmel sich öffnete und der Geist wie eine Taube auf ihn herabkam. Und eine Stimme aus dem Himmel sprach: Du bist mein geliebter Sohn, an dir habe ich Gefallen gefunden.

Jesus nahm die Kinder in seine Arme und segnete sie (Markus 10,13–16)
Jesus weist die eigenen Jünger zurecht, als sie Kinder von ihm fernhalten wollen. Er nimmt die Kinder in seine Arme und segnet sie. Ganz bewusst stellt er die Kleinsten in die Mitte.

In jener Zeit brachte man Kinder zu Jesus, damit er ihnen die Hände auflegte. Die Jünger aber wiesen die Leute schroff ab. Als Jesus das sah, wurde er unwillig und sagte zu ihnen: Lasst die Kinder zu mir kommen; hindert sie nicht daran! Denn Menschen wie ihnen gehört das Reich Gottes. Amen, das sage ich euch: Wer das Reich Gottes nicht so annimmt, wie ein Kind, der wird nicht hineinkommen. Und er nahm die Kinder in seine Arme; dann legte er ihnen die Hände auf und segnete sie.

Das Wichtigste: Gott und den Nächsten lieben (Markus 12,28b–34)

Worin besteht die Mitte des Glaubens? Jesus antwortet: Gott und den Mitmenschen zu lieben. Beides hängt unmittelbar zusammen. Wer Gott liebt, dem kann und darf der Nächste nicht egal sein.

In jener Zeit ging ein Schriftgelehrter zu Jesus hin und fragte ihn: Welches Gebot ist das erste von allen? Jesus antwortete: Das erste ist: Höre, Israel, der Herr, unser Gott, ist der einzige Herr. Darum sollst du den Herrn, deinen Gott, lieben mit ganzem Herzen und ganzer Seele, mit all deinen Gedanken und all deiner Kraft. Als zweites kommt hinzu: Du sollst deinen Nächsten lieben wie dich selbst. Kein anderes Gebot ist größer als diese beiden. Da sagte der Schriftgelehrte zu ihm: Sehr gut, Meister! Ganz richtig hast du gesagt: Er allein ist der Herr, und es gibt keinen anderen außer ihm, und ihn mit ganzem Herzen, ganzem Verstand und ganzer Kraft zu lieben und den Nächsten zu lieben wie sich selbst, ist weit mehr als alle Brandopfer und anderen Opfer. Jesus sah, dass er mit Verständnis geantwortet hatte, und sagte zu ihm: Du bist nicht fern vom Reich Gottes. Und keiner wagte mehr, Jesus eine Frage zu stellen.

Vielmehr wird das Wasser, das ich ihm gebe, in ihm zur sprudelnden Quelle werden (Johannes 4,5–15)

Jesu Worte und Jesu Nähe beleben. Sie stillen unseren Durst nach Sinn, Tiefe und Liebe.

Jesus kam zu einem Ort in Samarien, der Sychar hieß und nahe bei dem Grundstück lag, das Jakob seinem Sohn Josef vermacht hatte. Dort befand sich der Jakobsbrunnen. Jesus war müde von der Reise und setzte sich daher an den Brunnen; es war um die sechste Stunde. Da kam eine samaritische Frau, um Wasser zu schöpfen. Jesus sagte zu ihr: Gib mir zu trinken! Seine Jünger waren nämlich in den Ort gegangen, um etwas zum Essen zu kaufen. Die samaritische Frau sagte zu ihm: Wie kannst du als Jude mich, eine Samariterin, um Wasser bitten? Die Juden verkehren nämlich nicht mit den Samaritern. Jesus antwortete ihr: Wenn du wüsstest, worin die Gabe Gottes besteht und wer es ist, der zu dir sagt: Gib mir zu trinken!, dann hättest du ihn gebeten, und er hätte dir lebendiges Wasser gegeben. Sie sagte zu ihm: Herr, du hast kein Schöpfgefäß, und der Brunnen ist tief; woher hast du also das lebendige Wasser? Bist du etwa größer als unser Vater Jakob, der uns den Brunnen gegeben und selbst daraus getrunken hat, wie seine Söhne und seine Herden? Jesus antwortete ihr: Wer von diesem Wasser trinkt, wird wieder Durst bekommen; wer aber von dem Wasser trinkt, das ich ihm geben werde, wird niemals mehr Durst haben; vielmehr wird das Wasser, das ich ihm gebe, in ihm zur sprudelnden Quelle werden, deren Wasser ewiges Leben schenkt. Da sagte die Frau zu ihm: Herr, gib mir dieses Wasser, damit ich keinen Durst mehr habe und nicht mehr hierher kommen muss, um Wasser zu schöpfen.

Die Gottesdienstordnung schlägt außerdem folgende Texte vor:
Exodus 17,3–7; Ezechiel 47,1–9.12; Epheser 4,1–6; 1 Petrus 2,4–5.9–10;
Offenbarung 21,1–6; Matthäus 22,35–40; Matthäus 28,18–20;
Johannes 3,1–6; Johannes 6,44–47; Johannes 7,37–39a; Johannes 9,1–7;
Johannes 15,1–11; Johannes 19,31–35.

Weitere Vorschläge zur Gestaltung

Anregungen für die Fürbitten

In den Fürbitten trägt die Gemeinde Bitten für den Täufling, dessen Familien und Freunden, für lebende und verstorbene Angehörige vor Gott. Zugleich weitet sich der Blick über das Persönliche hinaus und schließt ebenso die Anliegen der Kirche und der Welt, der Familien sowie Not leidende Menschen mit ein. Diese Fürbitten können von den/dem Taufpaten und/oder Mitfeiernden vorgetragen werden.

Beispiel für vorformulierte Fürbitten
(aus »Die Feier der Kindertaufe in den Bistümern des deutschen Sprachgebietes«)

Zelebrant: Liebe Brüder und Schwestern, lasst uns das Erbarmen unseres Herrn Jesus Christus herabrufen auf dieses Kind, das die Gnade der Taufe empfangen soll, auf seine Eltern und Paten und auf alle Getauften.

Herr Jesus Christus. *Alle:* Wir bitten dich, erhöre uns.

- Lasst uns beten, dass dieses Kind im Licht des göttlichen Geheimnisses deines Todes und deiner Auferstehung durch die Taufe neu geboren und der heiligen Kirche eingegliedert werde. – Herr Jesus Christus. *Alle:* Wir bitten dich, erhöre uns.

- Lasst uns beten, dass es kraft der Taufe und Firmung ein treuer Diener und Zeuge (bzw. Dienerin und Zeugin) des Evangeliums werde. – Herr Jesus Christus. *Alle:* Wir bitten dich, erhöre uns.

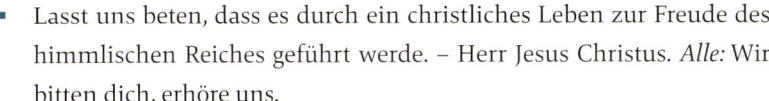

- Lasst uns beten, dass es durch ein christliches Leben zur Freude des himmlischen Reiches geführt werde. – Herr Jesus Christus. *Alle:* Wir bitten dich, erhöre uns.

- Lasst uns beten für die Eltern und Paten, dass sie diesem Kind den Glauben vorleben, und für die Familien, dass sie allezeit in der Liebe Christi bleiben. – Herr Jesus Christus. *Alle:* Wir bitten dich, erhöre uns.

- Lasst uns beten für uns selbst, dass wir unserer Taufe treu bleiben. – Herr Jesus Christus. *Alle:* Wir bitten dich, erhöre uns.

Beispiel für frei formulierte Fürbitten

Zelebrant: Die Bibel erzählt: Jesus hat die Kinder angeschaut. Er ließ nicht zu, dass man sie hinderte. Er nahm sie auf den Arm und segnete sie. Wahrgenommen werden, einen Freiraum bekommen, Umarmung und Segen erfahren – das brauchen wir alle, das braucht auch unser Taufkind N.* Darum beten wir.

- Gott, unser Vater, wir bitten dich für N.: dass sie Blicke voller Herzlichkeit und Annahme findet, dass sie selbst eine klare Sicht gewinnt auf die Welt und ihre Mitmenschen, dass sie die Erfahrung macht, dass du sie freundlich anschaust. *Alle:* Wir bitten dich, erhöre uns.

- Gott, unser Vater, wir bitten dich für die Eltern von N.: dass es ihnen gelingt, ihre Kinder zu halten, wenn sie es brauchen, und loszulassen, wenn sie es brauchen. Und dass sie die Erfahrung machen, dass beides, Umarmung und Loslassen, ein Geschenk der Liebe ist.

- Gott, unser Vater, wir bitten dich für die Familien und Freunde, mit denen N. aufwachsen wird: dass wir alle offen sind für das Geschenk des Segens, das sie uns schenken will und dass wir alle für sie zum Segen werden.

- Gott, unser Vater, wir bitten dich für die christliche Gemeinde, in die N. heute aufgenommen wird: dass sie in ihrer Mitte etwas von der Heimat und dem Freiraum erfährt, die du uns Menschen schenken willst.

- Gott, unser Vater, wir bitten dich um die vielen Gaben, die wir N. wünschen: Gesundheit und Lebensmut, Wohlstand und Sicherheit, Erfolg und ein langes Leben. Zugleich wissen wir, dass diese Gaben vielen Menschen fehlen, und deshalb bitten wir auch für sie. Und wir denken an die, die vor uns gelebt haben und zu dir gegangen sind, vor allem an die Verstorbenen unserer Familien.

Zelebrant: Gott, unser Vater, in deiner Hand sind Anfang und Ende. In der Taufe tauchen wir N. tief in dein Leben ein. Umgib sie mit deiner Liebe alle Tage ihres Lebens, bis du sie vollendest in Ewigkeit.

Die Fürbitten wurden für ein Mädchen formuliert. Wird ein Junge getauft, sind die entsprechenden männlichen Formulierungen zu nehmen.

Liedvorschläge aus dem Gotteslob

Das Gebet- und Gesangbuch »Gotteslob« bietet eine Fülle an Liedern für den Gottesdienst. Nachfolgend finden Sie daraus Liedvorschläge zur Auswahl, die sich besonders gut für die Feier der Taufe eignen. Die vorgeschlagenen Lieder sind in der Regel »leicht« zu singen und haben ansprechende Texte als Grundlage. Auch sogenannte »Klassiker« finden sich in der Auswahl. Hier kann man davon ausgehen, dass sie bekannt sind – und daher fleißig mitgesungen werden. Die mit ö (»ökumenisch«) gekennzeichneten Lieder finden sich auch im evangelischen Gesangsbuch.

Zur Eröffnung

Lobet und preiset, ihr Völker, den Herrn	GL 408 (ö)
Lobe den Herren	GL 392 (ö)
Kommt herbei, singt dem Herrn	GL 140 (ö)
Tief im Schoß meiner Mutter gewoben	GL 419

Nach der Bezeichnung mit dem Kreuz

Hände, die schenken, erzählen von Gott	GL 893

Wortgottesdienst

Vor der Schriftlesung

Wechselnde Pfade, Schatten und Licht	GL 894
Geh mit uns auf unserm Weg	GL 994,1
Lass uns in deinem Namen, Herr	GL 446 (ö)

Tauffeier

Nach der Taufe

Meine Hoffnung und meine Freude	GL 365 (ö)
Herr, du bist mein Leben	GL 456
Herr, ich bei dein Eigentum	GL 435
Ich bin getauft	GL 491 (ö)

Nach dem Effata-Ritus

Herr, gib uns Mut zum Hören	GL 448 (ö)
Suchen und fragen, hoffen und sehen	GL 457

Abschluss der Tauffeier

Schlusslied

Herr, wie bitten: Komm und segne uns	GL 920 (ö)
Segne dieses Kind	GL 490
Mit dir gehe ich alle meine Wege	GL 896
Bewahre uns, Gott, behüte uns, Gott	GL 453 (ö)
Großer Gott wir loben dich	GL 380 (ö)

Segen der Eltern für ihr Kind

Unser Kind,
im Vertrauen auf Gott
erbitten wir für dich seinen reichen Segen.

Sei gesegnet in deinem Denken:
Es möge weit und tief werden,
kritisch und lebensnah, heiter und menschlich.

Sei gesegnet in deinem Fühlen:
In deinem Herzen mögen Leidenschaft und Zärtlichkeit,
Mitgefühl und Courage zu Hause sein.

Sei gesegnet in deinem Tun:
Mögest du immer wieder Kraft finden für das,
was dir am Herzen liegt,
und langen Atem bekommen
für die Herausforderungen auf deinem Lebensweg.

So segne dich und dein Denken:
+ Gott, der Weite.
So segne dich und dein Herz:
+ Jesus, unser Bruder und Herr.
So segne dich und dein Tun:
+ der leidenschaftliche Geist Gottes. Amen

Stefan Schlager

Gestaltung der Taufkerze

Die entzündete Taufkerze versinnbildlicht die Botschaft, dass Jesus Christus unser Leben erhellt. Als Zeichen für den auferweckten Christus begleitet sie das Kind durch alle wichtigen Feiern während seines Lebens: von der Taufe über die Erstkommunion bis zur Firmung und darüber hinaus.

Das zentrale Symbol auf der Taufkerze ist das **Kreuz**. In Verbindung damit können noch andere Symbole (wahlweise) verwendet werden:

- die **Taube** als Symbol des Heiligen Geistes
- **Wellen** für das Taufwasser
- ein **Fisch**: Die Buchstaben des griechischen Wortes für »Fisch« (ICHTHYS) sind Abkürzung für das Bekenntnis Jesus CHristos THeou Yios Soter: »Jesus Christus Gottes Sohn Erlöser«. Ein uralter »Geheimcode« aus der Zeit der Christenverfolgung
- **XP**: die griechischen Buchstaben »Chi Rho« als Anfangsbuchstaben von Christus
- **Alpha und Omega:** der erste und letzte Buchstabe des griechischen Alphabets: Christus ist »der Anfang und das Ende«
- **Regenbogen:** seit der Arche Noah Zeichen des Bundes Gottes

Sehr schön ist, wenn auf der Kerze auch der Vorname des Kindes und sein Taufdatum angegeben sind. Nicht geeignet hingegen sind Symbole wie Schnuller, Teddybären, Puppen oder Autos.

Tauftag und Namenstag feiern

Die Taufkerze kann am Jahrestag der Taufe und am Namenstag des Kindes angezündet werden, verbunden mit einer Geschichte über den Namenspatron, einem Gespräch über die Taufe oder dem Ansehen des Taufalbums.

Biblische Taufsprüche

Eine besonders reiche Fundgrube für Glückwünsche und Segenssprüche ist die Bibel. Hier finden sich Sätze wieder, die tragfähige Leitsprüche für das Leben des Täuflings sein können – aber auch »Leitmotiv« für die Tauffeier selbst. Hier eine kleine Auswahl:

Fürchte dich nicht, denn ich habe dich ausgelöst, ich habe dich beim Namen gerufen, du gehörst mir. (Jesaja 43,1)

Wenn du durchs Wasser schreitest, bin ich bei dir, wenn durch Ströme, dann reißen sie dich nicht fort. Wenn du durchs Feuer gehst, wirst du nicht versengt, keine Flamme wird dich verbrennen. Denn ich, der Herr, bin dein Gott. (Jesaja 43,2–3)

Sei mutig und stark ... Fürchte dich ... nicht, und hab keine Angst; denn der Herr dein Gott ist mit dir bei allem, was du unternimmst. (Josua 1,9)

Ich werde ... dich segnen und deinen Namen groß machen. Ein Segen sollst du sein. (Genesis 12,2)

Gott lässt deinen Fuß nicht wanken; er, der dich behütet, schläft nicht. (Psalm 121,3)

Du umschließt mich von allen Seiten und legst deine Hand auf mich. (Psalm 139,5)

Jesus spricht: Ich bin das Licht der Welt. Wer mir nachfolgt, wird nicht in der Finsternis umhergehen, sondern wird das Licht des Lebens haben. (Johannes 8,12)

Tauferinnerung

So wie Pflanzen Wasser benötigen, um sich entfalten und blühen zu können, erhält der Glaube durch die Erinnerung an die eigene Taufe »Frischwasser-Zufuhr«, um lebensnah, stark, bunt, schmackhaft und vital zu bleiben oder wieder zu werden. Hier mein ganz persönlicher Zugang zur Taufe – und ihrer inspirierenden Kraft.

Mehr als ein Foto ... Von der inspirierenden Kraft der Taufe

Ich wurde am 5. April 1966 getauft. Die wenigen Fotos meiner Taufe finden sich – liebevoll eingeklebt – im Familienalbum wieder. Von Zeit zu Zeit nehme ich dieses Album aus dem Bücherregal und blättere, meist zusammen mit meinen Töchtern, darin. Der Blick auf die Erinnerungsfotos war dabei für mich lange auf gleicher Ebene wie der Blick auf die Fotos vom ersten Kindergartentag oder vom Schulstart. Sobald das Album geschlossen war, waren daher auch diese Erinnerungen zwischen den »Buchdeckeln der Vergangenheit« eingeschlossen. Dass meine Taufe eine andere Qualität hat und auf spezielle Weise mit meinem Leben jetzt, mit dem eigenen Denken, Fühlen und Handeln zu tun hat, habe ich erst relativ spät realisiert. Denn in der Taufe mit all ihren Zeichenhandlungen wird das verdichtet und erfahrbar gemacht, worum es im Leben als Christ geht, was diesem Leben Tiefe und Weite, Sinn und Halt gibt. Sich daran erinnern, getauft zu sein, gibt dem eigenen Christsein immer wieder neue Lebendigkeit, Frische, Bewegung und Perspektive.

Eintauchen – und sich wandeln lassen

So ermutigt das (ursprüngliche) Ritual des Ein- und Auftauchens in das Wasser, stets aufs Neue in den Lebenszugang und die Spiritualität Jesu einzutauchen. Alles, was einengt, abhängig macht, unmündig hält, soll auf diese Weise Schritt für Schritt zurückgelassen werden und der »neue Mensch«, mit neuer Weite und Tiefe, mit Einfühlungsvermögen und Menschlichkeit, immer mehr auftauchen und zur Geltung kommen.

Wenn Menschen die Finger in das Weihwasser tauchen und sich bekreuzigen, erinnern sie sich mit diesem kurzen Ritual genau daran: ganz in Jesus einzutauchen und das eigene Denken, Fühlen und Tun von Christus her wandeln zu lassen.

Achtsamkeit üben: Die Kunst des Hörens und des Sprechens

Was zu einem christlichen Leben gehört, macht auch der »Effata-Ritus« anschaulich mit seiner Bitte um das Öffnen der Ohren und des Mundes. Christsein heißt in diesem Sinn »ganz Ohr sein« mitten im Getriebe der Welt – und hineinzuwachsen in die Grundhaltung der Achtsamkeit und des Hinhörens: auf sich, auf den anderen, auf die Zeichen der Zeit und auf Gottes befreiendes Wort. Die Bitte um das Öffnen des Mundes inspiriert zu einem verantwortungsvollen Gebrauch der Sprache. Christsein zeigt sich – maßnehmend an Jesus – in Worten, die andere Menschen aufbauen und stärken, nicht aber zerstören und klein machen, ob privat oder öffentlich!

Eine besondere »Haut-Pflege«

Wie schön und wie herausfordernd es ist, Christ zu sein, macht die Salbung mit dem Chrisam-Öl deutlich. So wie das Öl wohltuend in die Haut einzieht, sollen wir es uns »genussvoll« unter die Haut gehen lassen, Töchter und Söhne Gottes zu sein. Denn dieser liebevolle und uns bedingungslos bejahende Vater traut uns allen zu, »Priester, Könige und Propheten« zu sein. Er traut uns zu, so zu leben, dass wir immer mehr zum Segen für andere werden (»Priester«). Er traut uns zu, durch unser Leben und Handeln immer mehr zum heilvollen Wachsen des Gottesreiches und einer gerechten Welt beizutragen (»König«). Und er traut uns zu, mutig zu sein und die richtigen Worte zur richtigen Zeit zu sprechen (»Prophet«). Die Botschaft der »Salbung« lautet demnach: »Werde, was du empfangen hast – ich traue es dir zu, ich glaube an dich!«

Leuchten, nicht verblassen

Die entzündete Taufkerze unterstreicht das noch einmal: Wir dürfen und sollen, inspiriert vom auferweckten Christus, unser Licht hell und heilvoll leuchten lassen – und nicht unter einen Scheffel stellen.

Mitwachsen – und dabei gelassen bleiben

Als letztes Symbol sei auf das weiße Taufkleid hingewiesen. Paulus schreibt in seinem Brief an die Galater (Galater 3,26-27), dass die Gläubigen mit ihrer Taufe Christus wie ein Gewand anzogen haben. Dabei macht aber die »Überlänge« des Taufkleides etwas Wichtiges deutlich: Wir werden nie das ganz ausfüllen können und ausfüllen müssen, was Jesus vorgelebt hat. Wir bleiben – trotz all unserer Fähigkeiten – immer hinter ihm zurück. Das zu wissen, macht großzügiger (im Umgang mit sich und den anderen), bescheidener, gelassener und auch menschlicher.

Sich immer wieder neu erinnern: ganz praktisch

Mit der Taufe haben wir Christinnen und Christen ein Heilszeichen (Sakrament), das uns den Reiz eines Lebens in den Spuren Jesu anschaulich macht. Sie zeigt uns, wie unser Leben gelingen kann und worauf es dabei zu achten gilt. Sich daran erinnern, getauft zu sein, wirkt revitalisierend und inspirierend, erfrischend und stärkend. Die Kirche lädt dementsprechend zu besonderen Zeiten (etwa in der Osternacht) zu einer Tauferinnerung bzw. -erneuerung ein. Aber auch im Alltag selbst kann ich täglich etwa mit Hilfe eines bewusst gemachten Kreuzzeichens in die Taufe »eintauchen« (siehe Seite 24). Eine schöne Möglichkeit ist zudem, den eigenen Tauftag zu feiern (mit einem kleinen Geschenk, mit dem Lesen des Taufspruchs, mit dem Ansehen der Fotos und einem Kreuzzeichen mit Weihwasser).

Bei Jesus,
unserem Bruder,
ist zu sehen,
was aus einem Menschen
werden kann,
wenn Gott
ganz ankommen darf:
im eigenen
Denken,
Fühlen und
Tun.

Hier
untrennbar
verbunden
mit Gott und
seinem »Ich bin da«:
der Duft von
Weite, Größe,
Freiheit und Respekt.

Deshalb
auch
der Mann
aus Galiläa:
weit und gut,
freigiebig und
bejahend,
Gott gleich.

Aber
nicht nur er,
sondern auch wir:
Töchter und
Söhne Gottes!

Geachtet,
versöhnt,
weit gemacht,
inspiriert
und zur Liebe
befreit.

Stefan Schlager

Rund um
die Taufe

15 Fragen und Antworten

Vor der Taufe kommen unzählige Fragen auf: Welche Unterlagen benötigt man zur Anmeldung? Kann ein Kind ökumenisch getauft werden? Ist ein Taufkleid für das Kleine notwendig? Wie viele Paten sind erlaubt? Katholisch.de gibt Antworten auf wichtige Fragen von Eltern und Paten.

1. Wo melden wir unser Kind zur Taufe an?

Im Büro der Pfarrgemeinde. Sie müssen persönlich dorthin gehen. Erkundigen Sie sich also am besten vorher nach den Öffnungszeiten.

2. Welche Unterlagen benötigen wir für die Anmeldung zur Taufe?

Sie brauchen das Familienstammbuch mit der Geburtsurkunde Ihres Kindes, Namen und Adressen der Paten und, wenn diese woanders wohnen, eine Bescheinigung über die Mitgliedschaft in der katholischen Kirche.

3. Können wir unser Kind auch in einer anderen Pfarrgemeinde taufen lassen?

Ja, das ist möglich. Aber Sie sollten bedenken, dass Taufe ja immer auch Aufnahme in eine Gemeinschaft bedeutet. Und das ist zunächst die an Ihrem Wohnort.

4. Darf nur der Pfarrer taufen?

Nein, auch der Diakon darf Ihr Kind taufen. Mittlerweile besteht die Möglichkeit auch für Laientheologinnen und Laientheologen (Pastoral- oder Gemeindereferenten). Denn auf Grund des Priestermangels kommt es in Pfarrgemeinden immer mal zu längeren Vakanzen. Die Laientheologinnen und -theologen werden dann vom Bischof ihrer Diözese bis auf weiteres mit der Spende der Taufe in ihrer Gemeinde beauftragt.

5. Können wir unser Kind auch in unserem Haus taufen lassen?

Alle Sakramente sind Gemeindefeiern und zeigen, dass Christ-Sein und Christ–Werden keine Privatangelegenheit sind und der Glaube nur in Gemeinschaft gelebt werden kann. Deshalb wird nicht in Privathäusern, sondern immer in der Kirche getauft. Eine Ausnahme bildet die Taufe im Krankenhaus – etwa wenn für das Baby Lebensgefahr besteht.

6. Ich bin katholisch, mein Mann evangelisch, und wir haben ökume-nisch geheiratet. Können wir unser Kind auch ökumenisch taufen lassen?

Nein, denn das Kind wird ja in die Gemeinschaft einer Kirche aufgenom-men. Sie sollten sich vorher entscheiden, ob Ihr Kind Mitglied in der ka-tholischen oder evangelischen Kirche werden soll. Wichtig bei der Ent-scheidung ist die Frage, wer von Ihnen beiden sich die meiste Zeit um das Kind kümmern wird und wer stärker in seiner jeweiligen Konfession ver-wurzelt ist. Bei Unsicherheiten sollten Sie mit beiden Pfarrern – dem ka-tholischen und dem evangelischen – sprechen. Die beiden Konfessionen erkennen die Taufe aber gegenseitig an. Falls Ihr Kind später einmal seine Konfession wechseln möchte, muss es also nicht neu getauft werden.

7. Wir sind nicht kirchlich verheiratet. Können wir unser Kind trotzdem taufen lassen?

Ja, natürlich. Denn jedes Kind hat ein Recht auf die Taufe. Nicht wenige Paare entscheiden sich nach dem Gespräch mit dem Pfarrer aber für eine kirchliche Trauung in Verbindung mit der Taufe ihres Kindes. Diese kom-binierte Trauung und Taufe wird mancherorts »Traufe« genannt.

8. Wie viele Paten brauchen wir? Und dürfen sie auch evangelisch sein?

Mehr als zwei Paten sind nach katholischem Recht nicht erlaubt. Einer von ihnen muss aber katholisch sein. Der Protestant ist dann nicht Pate, sondern Taufzeuge. Sollten Sie weitere Wegbegleiter für Ihr Kind aussu-chen, können diese Taufzeugen sein.

9. Kann auch der zehnjährige Bruder des Kindes Taufpate werden?

Nein, die Patin oder der Pate müssen das 16. Lebensjahr vollendet haben.

10. Können wir für unser Kind einen Taufspruch auswählen?

Diesen schönen Brauch der evangelischen Kirche haben mittlerweile immer mehr katholische Eltern übernommen. Natürlich ist das erlaubt. Wer wollte einem Kind einen Segensspruch verwehren? Auf Wunsch trägt der Pfarrer den Taufspruch in die Taufurkunde ein. Auf jeden Fall gehört er ins Taufalbum Ihres Kindes.

11. Können Geschwister, Kusinen und Vettern des Täuflings bei der Taufe mit einbezogen werden?

Ja, das wäre sogar wünschenswert. Kinder bekommen so noch einmal unmittelbaren Bezug zu ihrer eigenen Taufe. Sie könnten ihre Taufkerzen mitbringen, Fürbitten oder ein kleines gemeinsames Gebet sprechen. Schön ist auch, wenn die Kinder aus Tonkarton einen Baum basteln und in die Äpfel Wünsche für den Täufling schreiben. Am besten sprechen Sie das vorher mit Ihrem Pfarrer ab.

12. Braucht unser Kind ein eigenes Taufkleid?

Nein, aber das Taufkleid ist ein wichtiges Symbol. Falls Sie kein Taufkleid kaufen möchten, fragen Sie in der Pfarrei nach. Es gibt weiße Umhänge, die man dem Kind anziehen oder auflegen kann. In manchen Familien ist es Tradition, das Taufkleid von Generation zu Generation weiter zu vererben. Da es nicht jedem Baby passt, ist es sinnvoll, es während der Taufe nur aufzulegen.

13. Was ist, wenn das Baby in der Kirche schreit?

Das ist überhaupt kein Problem. Seelsorger können damit gut umgehen und warten geduldig, bis sich das Kind wieder beruhigt hat. Am besten sorgen Sie dafür, dass Sie den Weg zur Kirche nicht abgehetzt antreten. Denn Unruhe überträgt sich auch aufs Baby. Vor allem sollten Sie es vorher noch mal füttern und wickeln und nicht vergessen, ein Getränk, den Schnuller und das Kuscheltier einzustecken.

14. Muss mein Kind einen Namenspatron haben?

Nein, aber es wäre sehr schön. Denn der Namenstag hat im Jahreskreis eine ganz besondere Bedeutung. Und in der Taufe hat Gott Ihr Kind bei seinem Namen gerufen und sich ihm persönlich zugewendet. Ein guter Anlass, sich näher mit seinem Namen zu beschäftigen. Vielleicht hängen Sie ein Bild mit dem Namenspatron im Kinderzimmer auf und sammeln Geschichten über die Heilige oder den Heiligen. Manche Namen haben auch moderne Kurzformen. Soll es kein Name christlichen Ursprungs sein, wäre es schön, dem Kind einen zweiten Namen zu geben, der auf eine Heilige oder einen Heiligen verweist.

15. Was bieten Pfarrgemeinden jungen Familien nach der Taufe an?

In vielen Gemeinden werden Krabbelgottesdienste für Eltern mit kleinen Kindern angeboten. Darüber hinaus gibt es Gesprächskreise für Mütter und Väter. Falls nicht, könnten Sie sich mit anderen Eltern zusammentun und selber einen solchen Kreis ins Leben rufen. Pastoral- und Gemeindereferenten, aber auch ehrenamtliche Mitarbeiter der Pfarrgemeinde werden Sie dabei sicher gern unterstützen und begleiten. Schön ist es, wenn aus einem solchen Kreis heraus ein Jahr nach der Taufe der Kinder eine gemeinsame Erinnerungsfeier gestaltet wird – als Wortgottesdienst mit Tauferinnerung und Kindersegnung. Auch Kindergärten in kirchlicher Trägerschaft haben viele Angebote und unterstützen Eltern bei der christlichen Erziehung ihrer Kinder.

Quellenangaben

S. 6: Gedicht »Verheißung«, aus: Lothar Zenetti, Auf Seiner Spur. Texte gläubiger Zuversicht (Topos Plus 327) © Matthias-Grünewald-Verlag in der Schwabenverlag AG, Ostfildern 42006.

S. 13–14: Das Versprechen einer Patentante: taufe-texte.de/Taufpaten.htm (Stand Dezember 2015) Mit freundlicher Abdruckerlaubnis

S. 32: Papst Franziskus, Evangelii gaudium. Apostolisches Schreiben über die Verkündigung des Evangeliums in der Welt von heute, 11. w2.vatican.va/content/francesco/de/apost_exhortations/documents/ papa-francesco_esortazione-ap_20131124_evangelii-gaudium.html

S. 57–58: »Bei Jesus, unserem Bruder«, zit. nach: Stefan Schlager, Mit Jesus auf dem Weg nach Ostern. Der Fastenzeitbegleiter © Verlag Katholisches Bibelwerk GmbH, Stuttgart 2015.

S. 60–63: Nach Margret Nußbaum auf www.katholisch.de/glaube/unser-glaube/15-fragen-rund-um-die-taufe (Stand Dezember 2015) © katholisch.de/Margret Nußbaum. Mit freundlicher Abdruckerlaubnis

Bildnachweis

5 © MorganStudio/shutterstock.com, 6 © mylu/shutterstock.com, 15 © Irisska/shutterstock.com, 23u © Dmitry Naumov/shutterstock.com, 31 Alix Kreil/shutterstock.com, 42 © vanna moro/shutterstock.com, 43 © NDT/shutterstock.com, 53 © Rinelle/shutterstock.com, 58 © Gts/shutterstock.com; © Stefan Weigand (9, 16, 18, 22o, 27, 28, 30, 34, 36, 38, 51)